Viaggio Nella Cucina Regionale Italiana

Ricette e Sapori delle Regioni dell'Italia del Sud e Isole

Laura Gardina

Proprietà Letteraria Riservata

Green Book Publishing LTD

Pubblicato da

Green Book Publishing LTD

24 Tax Suite 137 B Westlink House 981 Great West Road, Brentford, United Kingdom, TW8 9DN

Prima Stampa Giugno 2021

INDICE DELLE RICETTE

INTRODUZIONE 7

C A M P A N I A 9

    IMPEPATA DI COZZE 10

    PIZZELLE FRITTE 11

    SPAGHETTI ALLA NERANO 14

    GNOCCHI ALLA SORRENTINA 16

    SARTÙ DI RISO CON SPEZZATINO E PISELLI 18

    ZUCCHINE ALLA SCAPECE 21

    TOTANI ALLA SORRENTINA 23

    MELANZANE RIPIENE ALLA PARMIGIANA 25

    BABÀ AL RUM 27

    LIMONCELLO 30

MOLISE E BASILICATA 32

    COMPOSTA MOLISANA 33

    RAFANATA 35

    LAMPASCIONI FRITTI 37

    MACCHERONI ALLA MOLISANA 39

    FUSILLI AL FERRETTO CON CACIORICOTTA E PEPERONI "CRUSCHI" 41

    AGNELLO ALLA LUCANA 43

    TIMBALLO DI CICORIA AL FORNO 45

    BACCALÀ CON I PEPERONI CRUSCHI 47

    COPETE 49

P U G L I A 51

    FRISELLE AL POMODORO E BASILICO 52

    COZZE FRITTE 53

ZITI ALLA SANGIOVANNIELLO...55

PASTA E POMODORI AL FORNO...57

ORECCHIETTE CON LE CIME DI RAPA................................59

BOMBETTE PUGLIESI...61

COZZE ARRAGANATE..63

MELANZANATA DI SANT'ORONZO.......................................65

FICHI AL CIOCCOLATO..68

C A L A B R I A...69

POLPETTE DI MELANZANE...70

PITTA CON POMODORI E PEPERONI.....................................72

ZITI CON TONNO E ACCIUGHE..74

LINGUINE AI RICCI DI MARE..76

TAGLIOLINI ALLA LIQUIRIZIA, CIME DI RAPA E RICOTTA 78

PEPERONI AMMOLLICATI..80

AGNELLO DEL PASTORE..82

ALICI IMBOTTITE...84

MELANZANE AL CIOCCOLATO..86

S I C I L I A...89

SARDE A BECCAFICO...90

SCACCE RAGUSANE...92

PASTA C'ANCIOVA..95

PASTA 'NCASCIATA..97

ARANCINE DI RISO CON RAGÙ E PISELLI............................100

CAPONATA DI MELANZANE...103

CONIGLIO DEI NEBRODI IN AGRODOLCE............................106

INVOLTINI DI PESCE SPADA ALLA MESSINESE 108

INSALATA PANTESCA...111

CANNOLI SICILIANI 113

SARDEGNA 115

FRITTELLE DI COZZE 116

CROSTINI MISTI ALLA BOTTARGA 118

MALLOREDDUS CON FUNGHI E SALSICCIA 120

FREGOLA SARDA CON LE ARSELLE 122

RAVIOLI CON RIPIENO DI PATATE 124

BURRIDA 126

FEGATO NELLA RETE 128

STUFATO DI AGNELLO 130

SEADAS 132

CUDDUREDDI E LOLLI NEL VIN COTTO 134

INTRODUZIONE

Ben ritrovati in questo nostro viaggio culinario attraverso l'Italia che ci mostra l'arte del cucinare ricca di tradizioni, buon gusto e tanta, tanta passione.

Da sempre l'Italia è famosa nel mondo per la bontà delle sue ricette e questa raccolta si pone come obiettivo di farvi conoscere una selezione di piatti tipici di ogni regione. Certo non sono tutti, anche perché ci vorrebbe un tomo di enormi dimensioni per contenerli (e sono sicura che qualche ricetta ci sfuggirebbe)! L'obiettivo è quello di farvi conoscere gli aspetti regionali della cucina italiana con numerose ricette che ne rappresentano la cultura gastronomica, la sua ricchezza e l'originalità.

Dall'Italia del Nord a quella Centrale, dal Sud alle Isole, ogni piatto esprime con forza la ricchezza e la passione antica per il cibo, dove gastronomia è sinonimo di sapori e profumi, rappresentazione del territorio e della cultura dei suoi abitanti

Proseguiamo quindi con le regioni dell'Italia del Sud e le Isole maggiori che, purtroppo, sono l'ultima tappa di questo entusiasmante viaggio. Io mi sono divertita molto a raccontarvi l'Italia attraverso le sue ricette e le tradizioni del buon cibo. Vi auguro buon viaggio e buona cucina a tutti!

CAMPANIA

La Campania, che gli antichi Romani chiamavano *Campania Felix,* vanta un territorio unico al mondo dal punto di vista agroalimentare. Territorio reso fertile dai suoi vulcani, esprime caratteristiche climatiche molto particolari che le conferiscono il privilegio di vantare una delle tradizioni culinarie più ricche ed antiche dell'intero panorama gastronomico mondiale. Territorio principe della *dieta mediterranea,* della *pizza,* della *mozzarella di bufala* e del *gelato,* oltre alla celeberrima *salsa di pomodoro*

IMPEPATA DI COZZE

Ingredienti per 4 persone:

- 1,5 kg di cozze
- Pepe nero macinato fresco q.b.

Preparazione:

- Pulite per bene i mitili e lavateli sotto l'acqua corrente (in alternativa potete chiedere al banco del pesce che li lavino usando l'apposita macchina)
- Trasferiteli quindi in un tegame piuttosto capiente, mettete su fiamma vivace, e coprite con un coperchio. Quando le valve iniziano ad aprirsi cospargete di pepe nero, rigorosamente macinato al momento, e scuotete la pentola tenendola per i manici in modo che il pepe si distribuisca bene. Quando le cozze si saranno aperte tutte spegnete subito il fuoco.
- Trasferite l'impepata di cozze su un piatto da portata e servite immediatamente
-

PIZZELLE FRITTE

Ingredienti per 4 persone:

Per l'impasto:

- 350 gr di farina "0"
- 250 ml di acqua a temperatura ambiente
- 7 gr di lievito di birra disidratato
- 1 cucchiaino di sale fino
- Semola rimacinata di grano duro

Per il condimento:

- 600 gr di passata di pomodoro
- Olio evo
- Grana Padano a scaglie
- 1 spicchio di aglio
- Qualche foglia di basilico
- Sale e pepe q.b.
- Olio di semi di arachidi per friggere

Preparazione:

- Nella ciotola della planetaria raccogliete la farina, il lievito, l'acqua e iniziate a impastare a bassa velocità utilizzando la frusta quel tanto che basta ad amalgamare. Montate il gancio a uncino e impastate fino a "incordare" (ci vorranno circa 15 minuti), aggiungendo il sale solo alla fine. Formate una palla e lasciatela lievitare fino al raddoppio (almeno 2 ore) coperta con pellicola alimentare e in un luogo tiepido

- Trascorso questo tempo suddividete l'impasto in palline da 60 g ciascuna aiutandovi con un tarocco. Schiacciate bene con le dita ciascuna di esse in dischetti di circa 10 cm di diametro, ponetele su un vassoio infarinato con semola rimacinata di grano duro, coprite con la pellicola alimentare e fate lievitare per 30 minuti

- In una casseruola fate insaporire l'olio con l'aglio e, quando sarà dorato, eliminatelo Aggiungete la passata di pomodoro, regolate di sale e pepe e cuocete per 15 minuti o comunque fino a quando la salsa si sarà ristretta

- Mettete a scaldare abbondante olio in una casseruola e quando raggiunge i 170°C di temperatura, iniziate a friggere le pizzelle un po' alla volta; giratele per farle dorare bene da entrambi i lati

- Toglitele dall'olio con una schiumarola e mettetele su un piatto grande con carta assorbente per eliminare l'olio in eccesso

- Conditele con la salsa di pomodoro, le scaglie di grana e una fogliolina di basilico e servite ben calde

SPAGHETTI ALLA NERANO

Ingredienti per 4 persone:

- 400 gr di spaghetti
- 700 gr di zucchine
- 200 gr di Provolone del Monaco grattugiato
- Una noce di burro
- 1 spicchio di aglio
- Olio evo
- Foglie di basilico fresco
- Sale e pepe nero q.b.

Preparazione:

- Mondate le zucchine, lavatele, spuntatele alle estremità e tagliatele a rondelle mediamente sottili con una mandolina o con un coltello. Friggetele, poche alla volta, in olio di oliva ben caldo scolandole a mano a mano con un mestolo forato e facendole asciugare su carta da cucina
- Portate a ebollizione abbondante acqua salata e fatevi lessare gli spaghetti. Nel frattempo, in una padella antiaderente, fate dorare uno spicchio d'aglio in poco olio di frittura delle zucchine. Quando sarà dorato eliminatelo, aggiungete le zucchine e fatele insaporire per 1 minuto

- Scolate gli spaghetti al dente, tenendo da parte un po' di acqua di cottura e trasferiteli direttamente nella padella con le zucchine
- Togliete il tegame dal fuoco unite il Provolone del Monaco grattugiato, il burro e il basilico spezzettato a mano. Mescolate bene unendo qualche cucchiaio d'acqua di cottura per far fondere il formaggio e renderlo cremoso. Terminate con una macinata di pepe e trasferite gli spaghetti alla Nerano nei piatti individuali

GNOCCHI ALLA SORRENTINA

Ingredienti per 4 persone:

- 800 gr di gnocchi di patate
- 500 gr di passata di pomodoro
- 250 gr di mozzarella fiordilatte
- 60 gr di parmigiano grattugiato
- Olio evo
- 1 spicchio di aglio
- Basilico fresco
- 1 cucchiaino di zucchero
- Sale e pepe q.b.

Preparazione:

- Tagliate a dadini la mozzarella che servirà per condire gli gnocchi alla sorrentina e fatela scolare in un colino a maglie sottili perché perda il liquido naturale
- Fate insaporire l'olio con l'aglio in una capiente padella antiaderente e, quando sarà diventato dorato, eliminatelo
- Unite la passata di pomodoro, lo zucchero, il basilico, regolate di sale e pepe macinato fresco. Portate la salsa a bollore quindi abbassate la fiamma e proseguite la cottura per altri 10 minuti, mescolando di tanto in tanto

- Nel frattempo lessate gli gnocchi in una capiente casseruola con acqua bollente salata e scolateli con un mestolo forato appena verranno a galla. Uniteli alla padella con la salsa di pomodoro e mescolate delicatamente
- Trasferite il tutto in una pirofila da forno, unite i dadini di mozzarella e cospargete con il parmigiano grattugiato
- Trasferite in forno e fate gratinare, con modalità grill per 5-8 minuti. Sfornate gli gnocchi alla sorrentina, completate con una macinata di pepe fresco a piacere e servite subito

SARTÙ DI RISO CON SPEZZATINO E PISELLI

Ingredienti per 6 persone:

- 450 gr di riso Carnaroli o Vialone Nano
- Vino bianco secco
- 2 lt di brodo vegetale
- 1 scalogno
- 3 cucchiai di concentrato di pomodoro
- 200 gr di passata di pomodoro
- 1 uovo
- Olio evo
- Sale q.b.
- 50 gr di grana grattugiato
- 350 gr di spezzatino di manzo
- 1 carota, 1 cipolla, 1 costa di sedano
- 150 gr di piselli surgelati
- 200 gr di provola affumicata
- Pangrattato e prezzemolo q.b.

Preparazione:

- Iniziate dal ripieno: mondate la cipolla, la carota e il sedano, tritateli finemente e fateli dorare con poco olio in un tegame; aggiungete lo spezzatino e lasciate insaporire mescolando. Sfumate con un goccio di vino bianco. Aggiungete i piselli, regolate di sale e fate insaporire per qualche minuto. Aggiungete un cucchiaio di concentrato di pomodoro, due bicchieri di acqua, coprite e fate cuocere a fuoco basso per circa un'ora (mescolate e controllate l'umidità del fondo di cottura, se necessario, aggiungete qualche cucchiaiata di acqua) o comunque fino a quando la carne sarà tenera

- In una casseruola con poco olio fate dorare lo scalogno tritato. Aggiungete il riso e fatelo tostare accuratamente mescolando con un cucchiaio di legno. Sfumate con un goccio di vino e lasciate evaporare. Aggiungete quindi il doppio concentrato rimanente e aggiungete a poco a poco il brodo vegetale bollente, avendo cura di mantenere i chicchi di riso sempre immersi nel liquido. Proseguite così per circa 20 minuti, fin quando il risotto non sarà cremoso e al dente. Fuori fiamma, mantecate con un giro di olio e il parmigiano. Fate intiepidire

- Ungete e cospargete di pangrattato uno stampo (ottimo anche quello della ciambella)

- Incorporate al riso l'uovo e amalgamate. Trasferite nello stampo 2/3 di risotto e compattatelo con il dorso di un cucchiaio di legno scavando un canale interno alla ciambella. Distribuite al centro del canale lo spezzatino e la provola a cubetti

- Coprite e sigillate il ciambellone con il riso restante. Compattate bene, spolverizzate di pangrattato, ultimate con un giro di olio e infornate su livello medio a 200°C statico per circa 25 minuti, monitorando il livello di doratura

- Sfornate e fate riposare almeno 15 minuti. Capovolgete quindi il sartù di riso con spezzatino e piselli su un piatto da portata e decorate con qualche foglia di prezzemolo

ZUCCHINE ALLA SCAPECE

Ingredienti per 4 persone:

- 800 gr di zucchine di medie dimensioni
- 2 spicchi di aglio
- Olio evo
- 3 cucchiai di aceto bianco di vino
- Menta fresca
- Olio di semi di arachidi per friggere
- Sale e pepe q.b.

Preparazione:

- Preparate una marinata con olio extravergine di oliva, aceto, sale, pepe, aglio a fettine e foglie di menta
- Lavate le zucchine e spuntatele, quindi tagliatele a fette di circa 3-4 mm. Friggetele in olio d'oliva bollente, poche alla volta, fino a quando saranno dorate (circa 5 minuti), quindi scolatele con un mestolo forato e trasferitele calde all'interno di un piatto; conditele a mano a mano con la marinata che avete preparato
- Proseguite in questo modo a strati e lasciatele riposare a temperatura ambiente per almeno 2 ora prima di portarle in tavola

TOTANI ALLA SORRENTINA

Ingredienti per 6 persone:

- 1,8 kg di totani freschissimi
- 300 gr di mozzarella a cubetti
- 30 gr di caciocavallo o grana grattugiato
- 20 pomodori San Marzano
- 2 uova
- 80 gr di pane grattugiato
- 2 cucchiai di prezzemolo tritato
- Peperoncino a piacere
- 1 spicchio di aglio
- Olio evo
- Sale e pepe q.b.

Preparazione:

- Lavate i totani in acqua corrente e spellate con cura i tentacoli
- In una terrina amalgamate le uova con il formaggio grattugiato, il pangrattato, la mozzarella, un pizzico di sale, uno di pepe e peperoncino secondo i gusti
- Riempite la sacca dei totani con il composto preparato e ripiegate all'interno i tentacoli per chiuderli bene, oppure, per non far disperdere il ripieno durante la cottura, cucire con ago e filo da cucina

- In una casseruola scaldate l'olio, fatevi dorare l'aglio, aggiungete il prezzemolo e i pomodori spellati e sminuzzati, salate e cuocete per 5 minuti. Eliminate l'aglio e aggiungete i totani, salate, pepate e proseguite la cottura lentamente a casseruola coperta per circa 1 ora o più se necessario
- Servite i totani interi oppure tagliati a fettine (dipende dalla loro dimensione) accompagnati dal sugo di cottura

MELANZANE RIPIENE ALLA PARMIGIANA

Ingredienti per 4 persone:

- 2 melanzane viola tonde della stessa dimensione
- 200 gr di polpa di pomodoro
- 1 spicchio di aglio
- Olio evo
- 60 gr di parmigiano grattugiato
- 200 gr di mozzarella fiordilatte
- Qualche foglia di basilico
- Sale e pepe q.b.
- Sale grosso q.b.

Preparazione:

- Lavate e tagliate le melanzane a metà nel senso della lunghezza e incidete la polpa arrivando a 1 cm dal bordo. Scavate l'interno, creando una cavità. Conservate la polpa in una ciotola e tenete momentaneamente da parte
- Disponete le melanzane all'interno di una pirofila e irroratele con un filo d'olio. Cuocete in forno già caldo a 180°C per 20 minuti
- Nel frattempo disponete la polpa delle melanzane ridotta a cubetti all'interno di uno scolapasta, cospargetela con del sale grosso, copritela con un

piatto su cui poggiate un peso (qualsiasi) e lasciate che eliminino il loro liquido per 30 minuti circa

- Trascorso questo tempo sciacquate la polpa delle melanzane e tamponatela con carta da cucina. Fatela rosolare in una padella antiaderente con un po' d'olio d'oliva e lo spicchio d'aglio. Togliete l'aglio appena dorato e unite la polpa di pomodoro. Regolate di sale e pepe e portate a cottura facendo asciugare il tutto. Ci vorranno circa una decina di minuti

- Farcite le melanzane precedentemente cotte con uno strato di pomodoro, seguito da uno di mozzarella e un altro di pomodoro. Completate con una spolverata di parmigiano e del basilico fresco. Fate cuocere nel forno già caldo a 180°C per circa 20 minuti circa

- Questo piatto è un'alternativa più leggera ma altrettanto gustosa di una delle ricette classiche più amate

BABÀ AL RUM

Ingredienti per 15 babà:

Per i babà:

- 130 gr di farina
- 2 uova intere + 1 tuorlo
- 50 gr di burro
- 2 cucchiai di latte
- 1 cucchiaio colmo di zucchero
- 15 gr di lievito di birra
- Un pizzico di sale

Per lo sciroppo:

- 500 ml di acqua
- 250 gr di zucchero semolato
- 250 ml di rum
- 1 limone

Marmellata a piacere per decorare

Preparazione:

- Mescolate brevemente farina e lievito in una ciotola, aggiungete latte, uova e tuorlo, precedentemente mescolati insieme e lavorate per qualche minuto fino a quando non risulta un composto omogeneo Per evitare la formazione di grumi, aggiungete il composto di uova e latte continuando a mescolare. Unite lo zucchero e mescolate ancora Incorporate infine il sale e il burro, ammorbidito a temperatura ambiente. L'impasto dovrà risultare morbido, quasi liquido

- Trasferite l'impasto in una sac à poche. Versatelo negli stampi, riempiendo fino a circa 1 cm dal bordo. Lasciate lievitare per circa 30 minuti alla temperatura di 30° (nel forno spento, con luce accesa). L'impasto dovrà fuoriuscire dagli stampi, formando una cupoletta

- Portate la temperatura del forno a 180°C, ventilato, e infornate per circa 12/13 minuti I babà sono pronti quando si sfilano facilmente dallo stampo. Sformare e lasciare raffreddare bene

- Mentre i babà si raffreddano, preparate lo sciroppo: in un pentolino fate scaldare acqua, zucchero e scorza di limone. Portate a bollore, poi filtrate e aggiungete il rum. Trasferite lo sciroppo in una ciotola e, quando è ancora caldo, immergete completamente i babà per qualche momento. Fate scolare su una gratella per dolci

- Se lo gradite, potete spennellare i babà con una marmellata a piacere, per renderli lucidi

- Fate riposare in frigorifero circa 1 ora prima di servirli per gustarli al meglio

- I babà al rum, prima di essere bagnati, si possono conservare ben chiusi in frigorifero circa una settimana o in congelatore, ben chiusi in un sacchetto per alimenti

LIMONCELLO

Ingredienti:

- 500 ml di alcool al 95%
- 600 ml di acqua
- 6 grossi limoni biologici
- 500 gr di zucchero

Preparazione:

- Per prima cosa lavate e spazzolate molto bene i limoni. Sbucciateli, facendo attenzione a togliere solo la parte gialla della buccia (la parte bianca renderebbe amaro il liquore)
- Mettete le bucce in un barattolo a chiusura ermetica e ricopritele di alcool. Lasciare riposare a temperatura ambiente e al buio per circa 6 giorni.
- Preparate lo sciroppo, portando a ebollizione l'acqua e facendovi sciogliere lo zucchero
- Con un colino, filtrate l'alcool in cui avete fatto macerare le bucce di limone e unitelo allo sciroppo di acqua e zucchero, mescolate bene e versate il liquore così ottenuto in bottiglie di vetro da conservare in frigorifero

MOLISE E BASILICATA

Caratteristica di queste regioni sono i tanti borghi e piccoli paesi, spesso isolati da barriere geografiche che ne hanno determinato la necessità di utilizzare e cucinare i prodotti del territorio. La cucina è basata di prevalenza sul consumo di carni ovine e suine, cereali e verdure. Immancabili gli aromi come il *peperoncino*, la polvere di *peperone crusco* e il *rafano*. Alcuni piatti hanno subito degli ammodernamenti, perdendo così il loro connotato di cucina "povera" che li caratterizzava in passato

COMPOSTA MOLISANA

Ingredienti per 4 persone:

- 4 taralli molisani
- 2 uova sode
- 12 olive verdi e nere
- 4 filetti di acciuga sottolio
- 4 pomodori rossi maturi
- 1 cetriolo
- 1 peperone
- 1 gambo di sedano
- Origano q.b.
- 4 cucchiai di aceto di vino bianco
- 60 ml di olio evo
- Sale q.b.

Preparazione:

- Prendete una ciotola e mescolate l'olio con i filetti d'acciuga tagliuzzati finemente, aggiungete l'origano e il sale
- Bagnate leggermente i taralli con un po' d'acqua fredda, spruzzateli con l'aceto e lasciateli asciugare su carta assorbente
- Disponete i taralli sul piatto da portata e sovrapponete vari strati iniziando con i pomodori privati dei semi e

tagliati a rondelle, proseguite con il cetriolo spellato e tagliato a fettine sottili, poi con il peperone diviso a falde (privato dei semi e filamenti interni) quindi con il sedano a filetti sottili e terminate con le uova sode a rondelle

- Insaporite la composta versandovi a filo il condimento preparato, decorate con le olive verdi e nere
- Sigillate il piatto con la pellicola trasparente e lasciate insaporire in frigo mezz'ora prima di servire

RAFANATA

Ingredienti per 4 persone:

- 400 gr di patate
- 6 uova
- 200 gr di radice di rafano
- 200 gr di mollica di pane sbriciolata
- Olio evo e sale q.b.

Preparazione:

- Lavate e lessate le patate con la buccia per il tempo necessario a renderle morbide; scolatele, fate intiepidire e sbucciatele. Passate allo schiacciapatate e raccogliete il composto in una ciotola, amalgamatelo con le uova sbattute, la mollica di pane, il rafano grattugiato e regolate di sale
- In una padella scaldate alcuni cucchiai d'olio, versatevi il composto, distribuitelo bene con l'aiuto di una paletta e fate cuocere prima da una parte e poi dall'altra per circa 10-15 minuti
- Togliete dal fuoco e trasferite la "rafanata" sul piatto da portata
- Potete servire sia calda che a temperatura ambiente

LAMPASCIONI FRITTI

Ingredienti per 10 persone:

- 600 gr di lampascioni
- 6 cucchiai di farina
- 2 uova
- ½ bicchiere di birra molto fredda
- 1 spicchio di aglio
- 2 cucchiai di pecorino grattugiato
- 1 cucchiaino di prezzemolo tritato
- Olio e sale q.b.

Preparazione:

- Lavate i lampascioni, asciugateli e spezzettateli grossolanamente
- In una terrina mettete la farina, le uova, un pizzico di sale, il formaggio, il prezzemolo, l'aglio tritato e amalgamate con la birra fino a ottenere un composto morbido e omogeneo
- Sempre mescolando aggiungete i lampascioni alla pastella e poi friggete il composto a cucchiaiate nell'olio bollente
- Sgocciolate i bocconcini su carta assorbente da cucina e serviteli caldi. Sono ottimi con l'aperitivo

MACCHERONI ALLA MOLISANA

Ingredienti per 6 persone:

- 500 gr di maccheroni lisci (tipo ziti spezzati)
- 150 gr di punta di petto di agnello
- 200 gr di polpa di vitello
- 2 salsicce
- 700 gr di pomodori pelati
- 1 bicchiere di vino rosso
- 1 cipolla, 1 carota, 1 costa di sedano
- Pecorino grattugiato
- 1 cucchiaio di prezzemolo tritato
- Peperoncino q.b.
- 80 ml di olio evo
- Sale q.b.

Preparazione:

- In un tegame di terracotta scaldate l'olio, insaporitevi la cipolla, la carota e il sedano tritati finemente, fateli rosolare bene e aggiungete le carni di agnello e di vitello tagliate a piccoli pezzettini e la salsiccia sminuzzata. Fate colorire bene la carne poi irrorate con il vino, lasciatelo sfumare, unite i pomodori pelati spezzettati, regolate di sale, abbassate la fiamma e cuocete per circa 2 ore mescolando di tanto in tanto

- Lessate la pasta in acqua bollente salata, scolatela, trasferite sul piatto da portata, condite con il ragù, cospargetela con il pecorino grattugiato e il prezzemolo tritato
- Servite molto calda con del peperoncino piccante a parte

FUSILLI AL FERRETTO CON CACIORICOTTA E PEPERONI "CRUSCHI"

Ingredienti per 4 persone:

- 400 gr di fusilli al ferretto
- 6 peperoni secchi
- 1 spicchio di aglio
- 1 cucchiaio di prezzemolo tritato
- Cacioricotta
- Pane grattugiato q.b.
- Olio evo
- Sale q.b.

Preparazione:

- Pulite i peperoni secchi con uno strofinaccio completamente asciutto. Rimuovete con le mani il picciolo, svuotate i peperoni dei semi e tagliateli in 4 o 5 pezzi
- Versate un generoso strato di olio in un tegamino e cuocete velocemente i pezzi di peperone, pochi per volta, avendo cura di non farli annerire (diventerebbero amari) e girandoli su tutti i lati. Scolateli e teneteli da parte fino al momento di ultimare il piatto (altrimenti a contatto con l'umidità

perdono la loro croccantezza). Tenete da parte anche il loro olio

- Tritate finemente lo spicchio d'aglio e fatelo rosolare in una capiente padella antiaderente un po' di olio di cottura dei peperoni, un paio di cucchiai di pangrattato e il prezzemolo tritato

- Cuocete la pasta in acqua bollente salata per il tempo di cottura indicato sulla confezione. Scolatela e saltatela in padella con il condimento insieme a qualche cucchiaio di acqua di cottura. Spegnete la fiamma e mantecate con una generosa grattugiata di Cacioricotta

- Distribuite la pasta nei piatti individuali e cospargete con i peperoni "cruschi" sbriciolati tra le dita e ancora Cacioricotta. Servite subito

AGNELLO ALLA LUCANA

Ingredienti per 4 persone:

- 1,5 kg di petto o spalla di agnello
- 600 gr di patate
- 300 gr di cipolline pelate
- 300 gr di pomodorini
- 200 gr di mollica di pane raffermo
- 100 gr di pecorino grattugiato
- 2 spicchi di aglio
- 2 cucchiai di prezzemolo tritato
- 1 bicchiere di olio
- Sale e pepe q.b.

Preparazione:

- In una terrina mescolate i pomodorini lavati, privati dei semi e spezzettati, l'aglio tritato finemente, la mollica di pane sbriciolata, il pecorino grattugiato e il prezzemolo tritato
- Spennellate di olio una pirofila e disponete l'agnello tagliato a pezzetti, le patate sbucciate e tagliate a spicchi, le cipolline, regolate di sale e pepe e su tutto cospargete il composto preparato in precedenza. Irrorate con l'olio versato a filo

- Cuocete in forno caldo a 200-220°C per circa un'ora, avendo cura di girare la carne per cuocerla e dorarla uniformemente
- Togliete dal forno e trasferite sul piatto da portata.
- Servite ben caldo

TIMBALLO DI CICORIA AL FORNO

Ingredienti per 4 persone:

- 1 kg di cicoria selvatica
- 300 gr di scamorza
- 3 uova
- 3 o 4 fette di prosciutto crudo
- 40 gr di pecorino grattugiato
- 3 pomodori pelati
- Olio e sale q.b.

Preparazione:

- Eliminate le foglie più dure della cicoria e lessate il resto in abbondante acqua salata. Scolatela, fatela leggermente intiepidire e strizzatela il più possibile
- Foderate uno stampo con l'apposita carta, quindi spennellatela abbondantemente d'olio e sul fondo distribuite con cura una parte di cicoria in modo che formi uno strato omogeneo. Sopra mettete la scamorza a fettine, su queste un altro strato di cicoria e poi striscioline di prosciutto e parte dei pelati spezzettati, ancora cicoria, i rimanenti pelati e infine pecorino grattugiato
- Sbattete le uova con un pizzico di sale, versatele sul timballo, irroratele con un giro d'olio versato a filo e

cuocete in forno caldo a 180°C per circa 30 minuti o fino a quando sulla superficie si è formata una crosticina dorata

- Togliete dal forno, lasciate riposare una decina di minuti e trasferite il timballo sul piatto da portata
- Servite caldo

BACCALÀ CON I PEPERONI CRUSCHI

Ingredienti per 4 persone:

- 700 gr di baccalà già ammollato
- 200 gr di peperoni "cruschi"
- 2 cucchiai di prezzemolo tritato
- ½ bicchiere di olio

Preparazione:

- Immergete il baccalà in una casseruola colma di acqua fredda, ponete sul fuoco a fiamma moderata, quando l'acqua inizia a sobbollire coprite il recipiente, riducete la fiamma al minimo e continuate la cottura a leggero bollore per 8 minuti, non di più per evitare che la carne del pesce diventi fibrosa
- Sgocciolate il baccalà aiutandovi con una schiumarola, tagliatelo in vari pezzi di media grandezza, eliminate lische e spine, sfilettate e mettete nel piatto da portata
- In una padella scaldate molto ben l'olio, toglietela dal fuoco, distribuitevi i peperoni secchi divisi a pezzetti e privati dei semi: il calore dell'olio, in breve, li farà diventare croccanti
- Versate l'olio con i peperoni sul baccalà, cospargete su tutto il prezzemolo tritato finissimo e servite a tavola

COPETE

Ingredienti per 15 porzioni:

- 15 cialde (le trovate in farmacia)
- 70 gr di mandorle tritate
- 200 gr di zucchero
- 1 cucchiaino di miele
- 2 albumi
- Cannella a piacere
- Zucchero a velo q.b.

Preparazione:

- In una ciotola montate a neve gli albumi, unitevi lo zucchero, il miele, le mandorle e un pizzico di cannella
- Disponete le cialde sulla placca del forno, sopra distribuitevi il ripieno, spolverizzatele con lo zucchero a velo, ripiegate in due e cuocete in forno a 180°C per 15 minuti. Sfornate e servite le copete a temperatura ambiente

PUGLIA

Uno degli aspetti che distingue la cucina pugliese è sicuramente l'importanza che viene data alle materie prime, la cui finalità è sempre e solo quella di esaltare i sapori degli ingredienti base, siano essi di terra che di mare. Grande spazio quindi a tutte le verdure di stagione e ai prodotti ittici dell'Adriatico.

Questa cucina ci offre inoltre una sua peculiarità, ovvero quella di offrire dei piatti anche in base alla stagionalità dei prodotti: primavera ed estate ci regalano piatti a base di verdure e pesce, mentre nelle stagioni invernali viene dato ampio spazio ai legumi e alla pasta fatta in casa con i vari sughi

FRISELLE AL POMODORO E BASILICO

Ingredienti per 4 persone:

- 4 friselle
- 4 pomodoro ramati
- Alcune foglioline di basilico
- Olio d'oliva e sale q.b.

Preparazione:

- Immergete le friselle in acqua a temperatura ambiente, per il tempo che preferite: da pochi secondi a un minuto, a seconda di quanto le volete bagnate (quindi morbide)
- Lavate i pomodori, privateli dei semi e tagliate a pezzettoni; conditeli con olio d'oliva e sale
- Irrorate con un filo d'olio extravergine di oliva le friselle ammollate, distribuiteci i pomodori e qualche fogliolina di basilico e sono pronte da portare in tavola
-

COZZE FRITTE

Ingredienti per 6 persone:

- 24 o 30 cozze grandi
- 2 uova
- Farina e pane grattugiato q.b.
- Olio e sale q. b.

Preparazione:

- Con un coltellino aprite le cozze, togliete i molluschi dalle valve, lavateli in acqua corrente e asciugateli su un carta da cucina
- Infarinate i molluschi, scrollateli leggermente per eliminare la farina in eccesso, passateli nelle uova sbattute, poi nel pangrattato e friggeteli in una padella colma d'olio ben caldo
- Prelevateli con la paletta bucata, asciugateli su carta assorbente da cucina, salate e servite subito ben caldi

ZITI ALLA SANGIOVANNIELLO

Ingredienti per 4 persone:

- 350 gr di pasta tipo ziti
- 400 gr di pomodori pelati
- 2 o 3 acciughe fresche
- 1 spicchio di aglio
- Peperoncino piccante in scaglie
- 1 cucchiaio di capperi sotto sale
- 1 cucchiaio di prezzemolo tritato
- Sale e olio q.b.

Preparazione:

- In un tegame scaldate due cucchiai d'olio e insaporitevi lo spicchio d'aglio. Unite le acciughe diliscate e fatele sciogliere mescolando. Aggiungete i pomodori spezzettati e il peperoncino. Fate cuocere la salsa per circa venti minuti. All'ultimo momento unite i capperi ben sciacquati e il prezzemolo tritato.
- Lessate la pasta in acqua bollente salata per il tempo indicato, scolatela e conditela con la salsa

PASTA E POMODORI AL FORNO

Ingredienti per 8 persone:

- 600 gr di rigatoni
- 2 kg di pomodori maturi
- 80 gr di pane grattugiato
- 1 ciuffo di prezzemolo tritato
- 1 spicchio di aglio
- 120 gr tra pecorino e parmigiano grattugiati
- Sale e pepe q.b.
- Una salsa con: 800 gr di pomodori pelati, 2 spicchi di aglio, olio d'oliva sale e pepe q.b.

Preparazione:

- Preparate la salsa scaldando 100 ml di olio in un tegame, fatevi dorare gli spicchi d'aglio e poi eliminateli, unite i pomodori a pezzetti, salate e pepate, cuocete per 15 minuti circa
- Tagliate i pomodori maturi a fette piuttosto alte, salateli e lasciateli sgocciolare per 30 minuti in uno scolapasta con una spruzzata di sale
- In una terrina mescolate il pangrattato con l'aglio tritato, il pecorino e il parmigiano reggiano grattugiati, il prezzemolo

- Disponete metà pomodori in una pirofila da forno spennellata d'olio, cospargeteli con metà composto di pangrattato, irrorate con un filo d'olio e fate gratinare in forno caldo a 220°C fino a quando la superficie sarà dorata (circa 30 minuti), togliete dal forno e tenete da parte
- Lessate molto al dente i rigatoni in abbondante acqua bollente salata, scolateli, conditeli con la salsa di pomodoro e un po' di composto di pangrattato, distribuiteli sui pomodori gratinati
- Coprite con i restanti pomodori tagliati a metà e cospargete la superficie con il composto di pangrattato. Irrorate con un filo d'olio e cuocete in forno caldo a 220°C fino a quando la superficie sarà dorata
- Togliete dal forno e lasciare intiepidire per 15 minuti circa prima di portare in tavola

ORECCHIETTE CON LE CIME DI RAPA

Ingredienti per 6 persone:

- 800 gr di orecchiette fresche
- 1 kg di cime di rapa
- 5/6 filetti di acciughe
- 2 spicchi di aglio
- 100 ml di olio evo
- Peperoncino a scaglie q.b.
- Sale e pepe q.b.

Preparazione:

- Pulite le cime di rapa eliminando i gambi più duri e le foglie più grandi (potete invece tenere i fiori) lavatele bene e asciugatele
- Sbollentate per 1 minuto in acqua salata le foglie più tenere e le cimette della verdura, scolatele e fatele saltare in padella con un filo d'olio per pochi secondi, regolate di sale e pepe
- Lessate le orecchiette in abbondante acqua bollente salata e scolatele
- In una padella scaldate l'olio con un po' di peperoncino, fatevi dorare l'aglio e poi eliminatelo, unite le acciughe e lasciatele sciogliere. Quindi spadellate le orecchiette insieme alle cime di rapa,

mescolate, trasferite sul piatto da portata e servite le orecchiette con cime di rapa ancora calde

BOMBETTE PUGLIESI

Ingredienti per 4 persone:

- 8 fettine di capocollo di maiale
- 8 fette di pancetta tesa
- 100 gr di caciocavallo semi stagionato
- 1 spicchio di aglio
- 1 ciuffo di prezzemolo fresco
- Olio evo
- Sale e pepe q.b.

Preparazione:

- Battete le fette di capocollo in modo che si assottiglino. Se sono troppo grandi tagliatele a metà. Stendetele su un tagliere e adagiate su ciascuna una fettina di pancetta, il caciocavallo a scagliette e cospargete con un cucchiaino di prezzemolo tritato
- Arrotolate il tutto in modo da ottenere degli involtini tondi che fisserete con degli stecchini. Regolate di sale e pepe, quindi fateli rosolare in una padella antiaderente insieme a un paio di cucchiai di olio per una decina minuti senza girarli
- Trascorso questo tempo girateli con molta attenzione aiutandovi con due cucchiai e proseguite la cottura per altri 15-20 minuti

- Servite le bombette pugliesi con un contorno di insalata o patate al vapore

COZZE ARRAGANATE

Ingredienti per 6 persone:

- 2 kg di cozze
- 150 gr di mollica di pane raffermo
- ½ bicchiere di vino bianco secco
- 1 spicchio di aglio
- 1 ciuffo di prezzemolo
- 1 cucchiaino di origano
- 3 cucchiai di passata di pomodoro
- 4 cucchiai di olio evo
- Sale e pepe q.b.

Preparazione:

- Spazzolate le cozze, lavatele e spazzolatele ancora sotto l'acqua corrente, eliminate eventuali residui e la barba: apritele con un coltellino. Eliminate i mezzi gusci vuoti, gli altri con la valva disponeteli in una teglia sul cui fondo avete versato due cucchiai d'acqua salata.
- In una ciotola amalgamate la mollica di pane sbriciolata con il prezzemolo e l'aglio ben tritati, l'origano, la passata di pomodoro, l'olio, sale e pepe e distribuite questo composto sulle cozze

- Conditele con un filo d'olio e cuocete in forno caldo a 200°C per 10-15 minuti, a metà cottura spruzzatele con il vino
- Le cozze sono pronte quando la superficie sarà leggermente gratinata
- Servite subito

MELANZANATA DI SANT'ORONZO

Ingredienti per 6 persone:

- 8 melanzane lunghe
- 400 gr di mozzarella
- 150 gr di prosciutto cotto
- 2 uova
- 3 uova sode
- 150 gr di parmigiano grattugiato
- Farina q.b.
- Olio evo e sale q.b.

Per le polpettine:

- 700 gr di carne macinata mista
- 2 uova
- 100 gr tra parmigiano e pecorino grattugiato
- 2 tazze di salsa al pomodoro e basilico
- 80 gr di mollica di pane
- 1 bicchiere di vino bianco secco
- 1 spicchio di aglio
- Latte
- Pane grattugiato, prezzemolo, olio, sale e pepe q.b.

Preparazione:

- Lavate le melanzane, eliminate il picciolo, spellatele, tagliatele a fettine non troppo spesse, infarinatele, passatele nelle due uova sbattute e poco salate, friggetele in abbondante olio ben caldo. Sgocciolatele con la paletta bucata e lasciatele asciugare su carta assorbente da cucina
- In una terrina amalgamate la carne macinata con il parmigiano, il pecorino, le uova sbattute, il vino, l'aglio tritato con il prezzemolo, la mollica del pane bagnata nel latte e strizzata, regolate di sale e pepe; aggiungete pangrattato quanto basta a dare al composto una media consistenza
- Prendete un po' di composto alla volta e ricavate tante polpettine (2 cm di diametro) e friggetele per alcuni minuti in olio caldo ritirandole quando sono leggermente dorate
- Sul fondo di una pirofila da forno distribuite alcuni cucchiai di salsa di pomodoro, sopra adagiate uno strato di melanzane, cospargetele con il prosciutto tagliuzzato, dadini di mozzarella, un po' di polpettine, alcune rondelle di uova sode e 2 cucchiai di salsa di pomodoro. Proseguite in quest'ordine fino a esaurimento degli ingredienti terminando con uno strato di melanzane cosparso di sugo e parmigiano
- Cuocete in forno caldo a 200°C per 25 minuti o fino a quando la superficie risulta gratinata

- Togliete dal forno e lasciate riposare una decina di minuti prima di portarle in tavola

FICHI AL CIOCCOLATO

Ingredienti per 6 persone:

- 500 gr di fichi secchi
- 100 gr di mandorle tostate
- 80 gr di cacao amaro
- Vino cotto q.b.

Preparazione:

- Aprite i fichi, inserite all'interno una mandorla tostata o due, spolverizzateli con abbondante cacao, richiudeteli
- Disponeteli su una leccarda foderata con l'apposita carta e cuocete in forno caldo a 170°C per 15 minuti circa
- Sfornate e sistemate i fichi a strati in una terrina spolverizzando ogni strato con il cacao e spruzzandoli con il vino cotto, sigillate il recipiente con la pellicola, lasciate insaporire fino al momento di servire

CALABRIA

La cucina calabrese è sicuramente una cucina povera che trae le sue origini dalle tradizioni contadine dove sono presenti innumerevoli piatti che riportano alle ricorrenze religiose. La tradizione popolare vuole che per festività come il Santo Natale o l'Epifania si mettessero a tavola tredici portate; piuttosto che mangiare maccheroni a Carnevale o arrosto di agnello a Pasqua.

Ogni evento della vita familiare delle persone in Calabria si festeggia a tavola con un pranzo particolare ed abbondante

POLPETTE DI MELANZANE

Ingredienti per 4 persone:

- 4 melanzane medie
- 2 uova
- Pane raffermo q.b.
- 3 cucchiai di parmigiano grattugiato
- Spezie a piacere
- Pane grattugiato q.b.
- Olio di semi di arachidi per friggere
- Sale e pepe q.b.

Preparazione:

- Lavate accuratamente le melanzane, eliminate il picciolo, sbucciatele e tagliate la polpa a pezzettoni. Fate cuocere le melanzane in una casseruola con pochissima acqua. Quando saranno morbide, scolatele e lasciatele raffreddare completamente
- Mettete la polpa di melanzane in una terrina e schiacciatela con una forchetta; aggiungete l'uovo, il sale, il pepe, il parmigiano e il pane raffermo bagnato e strizzato. Se preferite, potete aggiungere delle spezie come timo o basilico. Amalgamare il tutto con un cucchiaio

- Con un cucchiaio prelevate del composto di melanzane, preparate delle polpette, passandole prima nell'uovo e poi nel pan grattato. Friggete le polpette in abbondante olio molto caldo, e quando sono dorate da tutti i lati, prelevatele con una schiumarola e mettetele su carta assorbente per eliminare l'olio in eccesso
- Servitele calde

PITTA CON POMODORI E PEPERONI

Ingredienti per 6 persone:

- 500 gr di pasta per pizza già lievitata
- 300 gr di pomodori maturi
- 2 peperoni verdi tipo corno
- Una decina di olive nere
- 50 gr di pecorino grattugiato
- 1 cucchiaio di capperi
- Alcune foglie di basilico
- Olio e sale q.b.

Preparazione:

- Spellate i pomodori, eliminate i semi e tagliateli a pezzettini, dividete i peperoni a metà, eliminate il picciolo, i semi e i filamenti bianchi, tagliateli a falde
- In una padella scaldate due cucchiai d'olio e cuocetevi pomodori e peperoni per 15 minuti, salateli, cospargeteli con il basilico spezzettato e toglieteli dal fuoco
- In una teglia spennellata d'olio stendete la pasta allargandola con il palmo delle mani e comprimete tutta la superficie con la punta delle dita. Cospargetela con il composto di pomodori e peperoni, le olive, i

capperi e il pecorino, irrorate con un giro d'olio versato a filo

- Cuocete in forno caldo a 190°C per 35 minuti
- Sfornate e servite

ZITI CON TONNO E ACCIUGHE

Ingredienti per 6 persone:

- 500 gr di ziti
- 100 gr di caciocavallo grattugiato
- 150 gr di tonno sott'olio
- 3 o 4 acciughe sotto sale
- 1 cipolla
- 1 spicchio di aglio
- 1 cucchiaio di prezzemolo tritato
- 1 cucchiaio di origano
- Olio evo e pepe q.b.

Preparazione:

- Dissalate le acciughe sotto l'acqua corrente, diliscatele, dividete ognuna in due filetti
- In una padella scaldate due cucchiai d'olio, insaporitevi leggermente la cipolla tritata finemente e l'aglio intero, che eliminerete appena diventa dorato. Mettete nel recipiente i filetti di acciuga, i pomodorini spellati, privati dei semi e tagliati in quattro, l'origano, un pizzico di pepe macinato al momento, coprite e cuocete per circa 15 minuti. Verso fine cottura aggiungete il tonno ben sgocciolato e sminuzzato con cura

- Lessate la pasta in abbondante acqua bollente salata, scolatela e trasferitela sul piatto da portata; conditela con la salsa, il formaggio grattugiato e il prezzemolo tritato
- Servite caldo

LINGUINE AI RICCI DI MARE

Ingredienti per 6 persone:

- 500 gr di linguine
- 30 ricci di mare
- 500 gr di pomodori rossi maturi
- 1 spicchio di aglio
- 50 ml di olio
- Sale e pepe q.b.

Preparazione:

- In una padella scaldate l'olio, insaporitevi lo spicchio d'aglio, eliminatelo quando diventa dorato, aggiungete i pomodori spellati, privati dei semi e spezzettati (oppure tritati grossolanamente), regolate di sale e pepe, aggiungete un mestolo d'acqua e lasciate cuocere per 15 minuti
- Aprite con delicatezza i molluschi (meglio se vivi) dividendoli a metà, con un cucchiaino estraetene la polpa colorata e le uova, raccoglietele in una ciotola e tenete da parte
- Lessate le linguine al dente in acqua bollente salata, scolatele, passatele nella padella della salsa, aggiungete la polpa e le uova dei ricci e fate saltare la

pasta per pochi secondi aggiungendo, se necessario, una cucchiaiata dell'acqua di cottura
• Trasferite le linguine sul piatto da portata e servite subito la vostra pasta con i ricci di mare

TAGLIOLINI ALLA LIQUIRIZIA, CIME DI RAPA E RICOTTA

Ingredienti per 4 persone:

- 350 gr di tagliolini alla liquirizia
- 150 gr di ricotta fresca
- 300 gr di cime di rapa
- 50 gr di grana grattugiato
- 4 pizzichi di liquirizia in polvere
- 1 spicchio di aglio
- Olio evo e sale q.b.

Preparazione:

- Mondate e lavate le cime di rape e sbollentatele per 2 minuti; immergetele in una terrina d'acqua fredda e ghiaccio per fermarne la cottura e mantenere vivo il colore naturale. Scolatele e strizzatele
- Lessate i tagliolini alla liquirizia in abbondante acqua salata
- Mentre cuoce la pasta, in una padella scaldate tre cucchiai d'olio, fatevi dorare lo spicchio d'aglio e poi eliminatelo. Aggiungete le cime di rapa tagliuzzate, mescolate, aggiungete la ricotta sminuzzata, il Grana Padano grattugiato, la polvere di liquirizia, il sale e un mestolino di acqua di cottura della pasta

- Scolate la pasta, trasferitela nella padella del condimento, spadellate per alcuni secondi
- Trasferite i tagliolini sul piatto da portata, insaporiteli con un giro di olio crudo versato a filo d'olio e servite

PEPERONI AMMOLLICATI

Ingredienti per 4/6 persone:

- 8 peperoni rossi, gialli e verdi
- 80 gr di pecorino grattugiato
- 3 cucchiai di mollica di pane
- 1 cucchiai di capperi
- Origano q.b.
- Olio evo e sale q.b.

Preparazione:

- Dividete i peperoni a metà ed eliminate picciolo, semi e filamenti e tagliateli in falde. In un tegame scaldate tre cucchiai d'olio, aggiungete i peperoni e cuoceteli per 20/25 minuti: il tempo necessario per ammorbidirsi leggermente
- Cospargeteli con la mollica sbriciolata di pane raffermo e poi con il pecorino, i capperi sgocciolati e un pizzico di origano
- Mescolate di tanto in tanto e cuocete altri 15 minuti. Se necessario, spruzzateli con poca acqua calda. A fine cottura regolate di sale e cospargete a piacere con dell'altro origano: i peperoni ammollicati sono pronti per essere serviti

AGNELLO DEL PASTORE

Ingredienti per 6 persone:

- 1,5 kg di carne di agnello
- 300 gr di pecorino fresco
- 2 cipolle
- 3 spicchi di aglio
- Strutto
- Olio evo
- Sale e pepe q.b.

Preparazione:

- Tagliate la carne a pezzi piuttosto grandi. Raccogliete lo spezzatino in una casseruola, salate, pepate, cospargetelo con gli spicchi d'aglio tagliati a fettine, spolverizzatelo con sale e pepe macinato al momento, irroratelo con abbondante olio e lasciate insaporire per alcune ore, coperto e in frigorifero
- In un tegame fate sciogliere due cucchiai di strutto e insaporitevi le cipolle tagliate a fette sottili, toglietele quando sono diventate trasparenti
- Ponete sul fuoco la casseruola con la carne, fatela rosolare, ricopritela con il pecorino tagliato a fettine sottili, cospargete su tutto le cipolle e cuocete per

circa un'ora. Quindi trasferite il recipiente in forno caldo a 180°C e completate la cottura per 5-10 minuti

- Togliete dal forno e servite caldo

ALICI IMBOTTITE

Ingredienti per 4 persone:

- 1 kg di alici di grosse dimensioni
- Farina
- Olio evo
- 100 gr di pane grattugiato
- 2 acciughe sott'olio
- 2 bicchieri di vino bianco secco
- 50 gr di pecorino grattugiato
- 2 spicchi di aglio
- 3 cucchiai di prezzemolo tritato
- 1 cucchiaino colmo di origano
- La buccia grattugiata di 1 limone

Preparazione:

- Eviscerate le alici, apritele a libro (cioè senza dividerle), diliscatele, eliminate la testa e immergetele per 10 minuti in una terrina dove avete versato il vino
- Preparate il ripieno: in una ciotola stemperate le acciughe sotto'olio in due cucchiai d'olio, aggiungete il prezzemolo tritato, il formaggio e il pangrattato, gli spicchi d'aglio tritati finemente, l'origano e la buccia grattugiata del limone. Amalgamate aggiungendo olio, se necessario, per ammorbidire il composto

- Sgocciolate le alici dal vino, tamponate con carta da cucina, salatele leggermente, farcitele con il composto preparato, chiudetele, infarinatele e friggetele 5 minuti per parte in una padella colma d'olio ben caldo
- Quando sono uniformemente dorate, ritiratele con la paletta bucata e asciugatele su carta assorbente da cucina. Disponetele sul piatto da portata, contornatele con spicchi di limone e servite ben calde

MELANZANE AL CIOCCOLATO

Ingredienti per 6 persone:

- 500 gr di melanzane
- 200 gr di cioccolato fondente a scaglie o in gocce
- 200 gr di marmellata di amarene
- 150 gr di cedro candito
- 2 uova
- Farina q.b.
- Olio q.b.

Per la salsa:

- 40 gr di cacao amaro
- 200 gr di cioccolato fondente
- 50 gr di zucchero
- 150 ml di vermut

Preparazione:

- Lavate e spellate le melanzane, tagliatele a fettine nel senso della lunghezza e friggetene un po' alla volta in una padella colma d'olio ben caldo. Quando sono leggermente dorate ritiratele con la paletta bucata e asciugatele su carta assorbente

- Accoppiate le fettine di melanzana a due a due, quindi farcitele con alcune piccole scaglie di cioccolato, un po' di marmellata e pezzettini di cedro candito
- Passate i fagottini di melanzane prima nelle uova sbattute, poi nella farina e friggeteli nell'olio ben caldo; quando sono leggermente dorati ritirateli con la schiumarola, asciugateli con cura su carta assorbente per eliminare l'olio in eccesso
- In un tegamino messo a bagnomaria lasciate fondere il cioccolato. In un altro pentolino sciogliete il cacao e lo zucchero con l'acqua necessaria, aggiungete il cioccolato fuso a bagnomaria e il vermut, portate a leggero bollore e cuocete fino a ottenere una consistenza piuttosto densa
- Immergetevi velocemente i fagottini di melanzana, sgocciolateli, disponeteli su un piatto da portata, lasciateli raffreddare in frigorifero per almeno 3 ore
- Togliete dal frigo e lasciate riposare a temperatura ambiente per alcuni minuti e servite a tavola

SICILIA

L'arte culinaria in Sicilia si sviluppa già nell'antichità ed è strettamente legata alle vicende storiche, dominazioni varie, vicende culturali e religiose che da sempre hanno contraddistinto questa meravigliosa isola del Mediterraneo.

La cucina siciliana è un elemento di riconoscimento comune a tutti i siciliani che l'ha vista protagonista anche in luoghi molto lontani dalla terra di origine

Ricca di specialità, molto scenografica, offre innumerevoli prodotti grazie al clima mite che la caratterizza: agrumeti, mandorle e pistacchi, fico d'India e olive, vini eccellenti; tutto in una sola parola. "Sicilia"

SARDE A BECCAFICO

Ingredienti per 6 persone:

- 800 gr di sarde freschissime già eviscerate e pulite
- 150 gr di pane grattugiato
- 1 cucchiaino di zucchero
- 60 gr di pinoli
- 60 gr di uvetta sultanina
- 1 mazzetto di prezzemolo
- Il succo di 1 arancia
- Alcune foglie di alloro
- Olio evo
- Sale e pepe q.b.

Preparazione:

- Sciacquate con cura le sarde e tamponate con carta da cucina, sistematele sopra a un tagliere in modo ordinato (le avrete aperte a libro lasciando la codina)
- In una padella tostate il pangrattato con l'olio e un pizzico di sale: nel farlo, mescolate sempre, o il pangrattato rischia di attaccarsi alla padella
- Trasferite il pangrattato in una ciotola capiente e aggiungete il cucchiaino di zucchero, l'uvetta precedentemente fatta ammollare in acqua tiepida per 30 minuti e poi ben strizzata, i pinoli, il prezzemolo

tritato e del pepe a piacere. Mescolate bene il tutto. Se il composto dovesse risultare slegato, aggiungete qualche cucchiaio di acqua

- Farcite le sarde: mettendo una noce di ripieno nella parte dove c'era la testa e arrotolatelo, lasciando in vista la codina. Man mano che realizzate gli "involtini" disponeteli in una pirofila da forno. Procedete fino a esaurimento delle sarde e del ripieno

- Distribuite alcune foglie di alloro tra gli involtini. Versate il succo d'arancia e completate con un giro d'olio. Se vi fosse avanzato del ripieno potete cospargerlo sulla superficie

- Infornate a 180°C per 15-20 minuti. Togliete dal forno: le sarde a beccafico sono pronte per essere portate in tavola

SCACCE RAGUSANE

Ingredienti per 4/6 persone:

- 500 gr di farina di semola rimacinata di grano duro
- 500 gr di formaggio ragusano stagionato
- 700 gr di passata di pomodoro
- 25 gr di lievito di birra
- 3 cipolle bionde
- 6 cucchiaio di olio evo
- Un ciuffo di prezzemolo fresco
- Sale e pepe q.b.

Preparazione:

- Prendete una padella capiente e fate appassire le cipolle affettate con dell'acqua per renderle più digeribili: una volta ammorbidite versate la passata di pomodoro, aggiungete il prezzemolo tritato e due cucchiai d'olio
- Fate cuocere per circa un'ora a fiamma molto bassa, mescolando ogni tanto. Alla fine salate, pepate e fate raffreddare completamente. La salsa dovrà essere fredda al momento di condire la scaccia, per questo è consigliabile prepararla la sera prima

- Mescolate in una ciotola la farina, tre cucchiai d'olio e il lievito sciolto in 250 ml di acqua tiepida e 1 cucchiaino di sale fino
- Impastate fino a formare un panetto omogeneo e lucido in superficie. Aggiungete farina se serve. Fate lievitare coperto con un tovagliolo per 30 minuti circa
- Grattugiate il formaggio ragusano e tenetelo da parte (scegliete un ragusano stagionato, in cottura non deve filare) Il ragusano potete grattugiarlo direttamente anche al momento di farcire le scacce
- Spolverate un po' di farina sul piano di lavoro, dividete il panetto in quattro parti uguali: saranno la base delle vostre quattro scacce, da preparare una alla volta. Stendete la pasta con il mattarello formando un rettangolo che andrete a regolare con un coltello
- Spalmate la salsa fredda al centro in verticale
- Cospargete con il formaggio grattugiato e olio a filo; ripiegate un lato verso il centro e fate lo stesso anche con l'altro lato chiudendo la scaccia a libro. Ripiegate infine i due lati su se stessi creando una sorta di fagottino. Premete bene sui bordi per sigillare il ripieno

- Bucherellate la superficie con una forchetta e spennellate con olio
- Foderate una teglia con carta forno, spennellate con dell'olio per non far attaccare le scacce e infornate a 220°C per 30-40 minuti o fino a quando risulteranno dorate
- Servite le scacce ragusane tiepide o fredde

PASTA C'ANCIOVA

Ingredienti per 4 persone:

- 400 gr di bucatini o spaghetti grossi
- ½ cipolla bianca
- 1 spicchio di aglio
- 8 filetti di acciughe sotto sale
- 140 gr di concentrato di pomodoro
- 40 gr tra uva sultanina e pinoli
- Pane grattugiato q.b.
- Olio evo
- Sale e pepe nero q.b.

Preparazione:

- Tritate finemente la cipolla e fatela appassire in una padella antiaderente con l'olio. Una volta appassita, unite i filetti di acciuga privati delle spine e risciacquati molto bene. Fateli sciogliere a fiamma bassa quindi unite il concentrato di pomodoro e diluite con 1 o 2 mestoli scarsi di acqua calda. Mescolate bene
- Unite l'uvetta (preventivamente ammollata in acqua tiepida) e i pinoli. Aggiustate di pepe e, solo se necessario, di sale. Fate restringere a fuoco medio fino a ottenere una salsa densa

- In una padellina antiaderente fate tostare il pangrattato con un filo d'olio e sale fino a quando avrà assunto un colore ambrato
- Lessate la pasta in acqua bollente salata, scolatela al dente e passatela nella padella con il condimento, mescolate bene e trasferite nei piatti Cospargete con il pangrattato e servite subito la pasta c'anciova

PASTA 'NCASCIATA

Ingredienti per 4 persone:

- 400 gr di rigatoni
- 2 uova sode
- 1 melanzana tonda viola
- 100 gr di prosciutto o salame a dadini
- 100 gr di caciocavallo fresco a dadini
- 400 gr di passata di pomodoro
- 1 spicchio di aglio
- Alcune foglioline di basilico
- Pane grattugiato q.b.
- Caciocavallo grattugiato per guarnire
- Olio evo, sale e pepe q.b.

Preparazione:

- Mondate la melanzana e tagliatela a tocchetti non troppo piccoli. Metteteli in uno scolapasta e cospargeteli con sale grosso. Lasciateli riposare per 1 ora con un peso sopra perché perdano l'acqua di vegetazione
- Nel frattempo sgusciate e tagliate a pezzi le uova sode
- In una casseruola fate dorare nell'olio di oliva lo spicchio d'aglio tagliato a metà, eliminatelo e unite la passata di pomodoro, regolate di sale e pepe e

aggiungete un paio di foglie di basilico; fate restringere a fiamma bassa per 20 minuti

- Trascorsa l'ora di riposo sciacquate brevemente le melanzane, strizzatele bene e tamponatele con carta da cucina. Friggetele in padella con l'olio d'oliva fino a quando saranno belle dorate. Scolatele bene e trasferitele su un piatto ricoperto con carta da cucina per eliminare l'unto in eccesso. Tenetele da parte al caldo

- Cuocete la pasta in acqua bollente salata portandola a metà cottura. Scolate e trasferitela in una ciotola con la salsa di pomodoro preparata. Mescolate bene e unite le melanzane fritte, quindi il prosciutto/salame e il caciocavallo a dadini. Aggiungete anche le uova sode a pezzetti e amalgamate bene il tutto

- Ungete una pirofila da forno e cospargetela di pangrattato. Distribuitevi all'interno la pasta, cospargete con altro pangrattato e con il caciocavallo stagionato e grattugiato

- Cuocete nel forno già caldo a 180°C per 20-25 minuti. Sfornate e lasciate intiepidire per qualche minuto la pasta 'ncasciata prima di servire

ARANCINE DI RISO CON RAGÙ E PISELLI

Ingredienti per 12 arancine circa:

- 500 gr di riso vialone nano
- 1 bustina di zafferano
- 1,2 lt di acqua
- Sale q.b.
- 30 gr di burro
- 100 gr di caciocavallo stagionato da grattugiare
- Olio di semi di arachidi per friggere

Per il ragù:

- 200 gr di macinato di suino
- ½ cipolla
- 300 ml di passata di pomodoro
- 100 gr di pisellini
- 50 ml di vino rosso
- 25 gr di burro
- 100 gr di caciocavallo fresco
- Olio evo
- Sale e pepe q.b.

Per la pastella:

- 200 gr di farina "00"
- 300 ml di acqua
- 1 pizzico di sale

Preparazione:

- Lessate il riso nell'acqua bollente salata; fate in modo che a cottura ultimata, l'acqua sia stata completamente assorbita (questo consente di mantenere tutto l'amido). Lasciate sul fuoco per 15 minuti circa, poi aggiungete lo zafferano diluito in pochissima acqua tiepida e unite al riso. Togliete dal fuoco e mantecate con il burro e il formaggio grattugiato

- Prendete un vassoio ampio e basso e versateci il riso, livellatelo con una spatola e copritelo con pellicola alimentare per farlo raffreddare (la pellicola eviterà che la superficie si secchi). Lasciate riposare a temperatura ambiente per 2 ore circa

- In una casseruola mettete la cipolla affettata con 2 cucchiai di olio e il burro, unite la carne macinata e fate rosolare a fuoco vivace; aggiungete il vino a fate sfumare. Aggiungete la passata di pomodoro, regolate di sale e pepe e lasciate sul fuoco lento coperto per 20 minuti circa. A metà cottura aggiungete i piselli. Regolate eventualmente con poca acqua, perché il ragù dovrà risultare piuttosto denso

- Tagliate a cubetti il caciocavallo

- Quando il riso è completamente raffreddato, potete iniziare a formare le arancine (tenete una ciotola con acqua vicino per mantenere umide le mani). Prelevate un paio di cucchiai di riso, schiacciate il mucchietto al centro, versateci un cucchiaino di ragù e qualche cubetto di caciocavallo

- Richiudete e date una forma a punta all'arancina
- Preparate una pastella versando la farina setacciata in una ciotola con un pizzico di sale. Aggiungete l'acqua a filo e mescolate accuratamente per evitare la formazione di grumi
- Immergete le arancine nella pastella e poi rotolatele bene nel pane grattugiato
- In una casseruola portate l'olio di semi alla temperatura di 170°C e iniziate a friggere le arancine (massino 2 o 3 per volte per non abbassare troppo la temperatura dell'olio). Fate dorare bene da tutti i lati, prelevate con una schiumarola e mettetele su un vassoio con carta assorbente
- Servite calde, non bollenti, per apprezzarne tutta la bontà
-

CAPONATA DI MELANZANE

Ingredienti per 6 persone:

- 4 grosse melanzane tonde
- 150 gr di olive verdi denocciolate
- 90 gr di capperi sotto sale
- 30 gr di uvetta e 30 gr di pinoli
- 400 ml di salsa di pomodoro
- 100 ml di aceto di vino bianco
- 60 gr di zucchero
- 1 cipolla, 2 coste di sedano
- Alcune foglie di basilico
- 3 cucchiai di mandorle
- Pane grattugiato
- Olio evo e sale q.b.

Preparazione:

- Lavate e tagliate le melanzane a cubetti e friggeteli in una padella con abbondante olio ben caldo, sgocciolateli con una paletta bucata e asciugateli su carta assorbente da cucina
- In un tegamino con il doppio fondo fate caramellare la cipolla tagliata ad anelli sottilissimi con 40 grammi di zucchero

- In un altro pentolino fate scaldare la salsa di pomodoro poi unite l'aceto e il restante zucchero. Sbollentate il sedano e tagliatelo a pezzetti. Sbollentate le olive e tagliuzzatele. Fate ammorbidire l'uvetta in poca acqua calda. Sciacquate i capperi in una ciotola con acqua e aceto
- In una larga padella fate scaldare due cucchiai d'olio e fatevi dorare il sedano con la cipolla caramellata, aggiungete i capperi, le olive, l'uvetta strizzata, i pinoli e, dopo alcuni minuti, la salsa di pomodoro, il basilico spezzettato a mano, la dadolata di melanzane e fate sobbollire per 15 minuti. Regolate con sale e lo zucchero per l'acidità
- Togliete dal fuoco e trasferite la caponata sul piatto da portata
- In un padellino scaldate un filo d'olio, aggiungete il pangrattato, fatelo dorare e poi cospargetelo sulla caponata, completate con le mandorle pelate, tostate e tritate. Lasciate raffreddare prima di servire a tavola
- Per esaltare al meglio tutto il sapore di questo piatto, meglio prepararlo con un giorno di anticipo rispetto al consumo

CONIGLIO DEI NEBRODI IN AGRODOLCE

Ingredienti per 6 persone:

- 1 coniglio di circa 1,5 kg a pezzi
- 300 gr di verdure sott'aceto miste
- 4/5 mele
- 50 gr di nocciole tostate e tritate
- 40 gr di zucchero
- 300 ml di aceto
- 2 cipolle, 1 costa di sedano
- 1 cucchiaio di concentrato di pomodoro
- Finocchietto selvatico
- Olio evo e sale q.b.

Preparazione:

- In una terrina mescolate acqua fredda con due decilitri di aceto e lasciatevi a bagno la carne di coniglio per 30 minuti, poi sgocciolatelo e asciugatelo con carta da cucina.
- In una padella antiaderente scaldate due-tre cucchiai d'olio e insaporitevi il coniglio facendo dorare i pezzi da tutte le parti
- In un padellino scaldate un dito d'acqua con un pizzico di sale, aggiungete le cipolle tagliate a fettine sottili e

il sedano tritato, cuocete fino a quando le cipolle non diventano trasparenti

- Trasferite il coniglio in una casseruola, aggiungete il concentrato diluito in un bicchiere d'acqua calda e il composto di cipolla e sedano e cuocete per 1 ora e 30 minuti. A metà cottura aggiungete i sott'aceti tritati e le mele sbucciate, tagliate a fettine e precedentemente sbollentate in acqua e aceto Quasi a fine cottura unite lo zucchero diluito nel restante aceto caldo e regolate il sale
- Disponete lo spezzatino sul piatto da portata, fatelo raffreddare poi cospargetelo con le nocciole tritate e guarnitelo con il finocchietto selvatico
- Servite in tavola

INVOLTINI DI PESCE SPADA ALLA MESSINESE

Ingredienti per 6 persone:

- 12 fette sottili di pesce spada per 1 kg circa
- 80 gr di caciocavallo
- Alcune foglie di basilico
- 1 ciuffo di prezzemolo
- Pane grattugiato
- Olio evo
- Sale e pepe q.b.

Per la salsa:

- 10 pomodori maturi
- 100 gr di olive denocciolate
- 2 cucchiai di capperi sotto sale
- 1 cipolla bianca e 1 costa di sedano
- Olio evo e sale q.b.

Preparazione:

- Eliminate la pelle dalle fettine di pesce spada, poi rifilatele a rettangolo tenendo da parte lo scarto. Battetele leggermente evitando con cura di romperle

- Preparate il ripieno: in una ciotola amalgamate il caciocavallo grattugiato, gli scarti tritati del pesce, poco pangrattato, il basilico e il prezzemolo tritati, un filo d'olio, sale e pepe macinato al momento
- Disponete le fettine di spada su un piano di lavoro, suddividete un po' di ripieno su ogni fettina, avvolgete formando un involtino che chiuderete con uno stecchino di legno
- Preparate la salsa: in una casseruola scaldate un dito d'acqua con un pizzico di sale e la cipolla tritata e quando questa è diventata trasparente unite i pomodori spellati, privati dei semi e tagliati a dadini, l'olio, i capperi lavati e asciugati, le olive tagliate a metà, il sedano prima sbollentato in acqua salata e tagliato a fettine. Cuocete per 15 minuti, poi adagiate nel recipiente gli involtini, coprite e proseguite la cottura per circa 10 minuti. Scoprite, eliminate lo stecchino dagli involtini, lasciate ancora pochi minuti per completare la cottura
- Potete servire sia caldi che a temperatura ambiente

INSALATA PANTESCA

Ingredienti per 4/6 persone:

- 5 patate di medie dimensioni
- 1 cipolla di Tropea
- 15 pomodori di Pachino
- 30 gr di olive nere
- 1 cucchiaio di capperi di Pantelleria
- Qualche fogliolina di basilico
- Un pizzico di origano
- 1 tazzina di aceto di vino rosso
- Olio evo
- Sale q.b.

Preparazione:

- Lessate le patate che dovranno risultare cotte ma ben sode. Lasciatele raffreddare, spellatele e tagliatele a pezzi
- Affettate la cipolla non troppo sottile, mettetela in una ciotolina con l'aceto e lasciatela riposare per 30 minuti circa Nel frattempo lavate i pomodorini e tagliateli a metà
- Trascorsa la mezz'ora sgocciolate bene la cipolla e iniziate a comporre il piatto disponendo le patate, i pomodori e le fette di cipolla

- Completate unendo le olive, i capperi, il basilico e l'origano a piacere. Condite con un giro d'olio, salate, mescolate e servite l'insalata pantesca
- Ottima per accompagnare piatti di pesce o carni alla griglia e, nelle giornate estive, è un perfetto piatto unico per un pranzo leggero

CANNOLI SICILIANI

Ingredienti per 8/10 persone:

- 8/10 cannoli vuoti (li trovate nelle migliori pasticcerie)

Per la crema:

- 800 gr di ricotta di pecora freschissima
- 320 gr di zucchero a velo

Per la decorazione:

- Scorzette di arance candite
- Ciliegie candite
- Pistacchi di Bronte
- Gocce di cioccolato fondente
- Cannella in polvere
- Zucchero a velo

Preparazione:

- Setacciate la ricotta ben scolata dal siero, lavoratela per un minuto con le fruste elettriche, incorporando lo zucchero a velo
- Farcite le cialde di cannolo con la crema di ricotta solo al momento di servirle, utilizzando un sac à poche con bocchetta liscia da 16 mm o una spatola

- Decorate le estremità in base alle preferenze: con canditi di ciliegia e arancia, gocce di cioccolato fondente, pistacchio tritato, cannella o un mix di questi alimenti
- Spolverate con lo zucchero a velo e portate in tavola
- La ricetta originale parte dalla preparazione del cannolo, che è alquanto laboriosa; se vi affidate, comunque, ad una buona pasticceria, potrete ugualmente trovare un ottimo prodotto da farcire

SARDEGNA

Quella sarda è una cucina molto particolare che affonda le sue radici nell'antichità e che, nonostante sia piuttosto isolata rispetto all'Italia e all'Europa, è stata influenzata pesantemente dai popoli che hanno abitato questa terra o attraversato anche solo di passaggio.

L'isola è divisa in zone molto differenti tra loro sia sotto l'aspetto dialettale che quello gastronomico. Le ricette della zona del cagliaritano, ad esempio, sono diverse da quelle del nuorese, vuoi per differenze geografiche, che per la reperibilità delle materie prime.

FRITTELLE DI COZZE

Ingredienti per 4 persone:

- 1 kg di cozze pulite e ben lavate
- 100 gr di farina
- 100 ml di acqua
- ½ bicchiere di latte
- 2 uova
- Olio per friggere e sale q.b.

Preparazione:

- Raccogliete le cozze in una padella, non aggiungete alcun condimento, ponete sul fuoco a fiamma media e lasciate che le valve si schiudano. Togliete dal fuoco e con delicatezza staccate i molluschi dalle valve, metteteli in un passino a retina lasciando che perdano il residuo di liquido
- Preparate la pastella: sbattendo le uova in una terrina con la farina, diluite il composto con il latte e l'acqua, mescolate con cura con una frusta per evitare grumi, salatelo e lasciatelo riposare per circa un'ora
- Immergete i molluschi nella pastella e mescolate
- In una padella scaldate abbondante olio e quando è ben caldo friggetevi a cucchiaiate la pastella con le cozze. Ritirate le frittelle quando sono leggermente

dorate, asciugatele su carta assorbente da cucina e servitele calde

CROSTINI MISTI ALLA BOTTARGA

Ingredienti per 12 crostini:

- 12 fette di pane casereccio
- 1 confezione di bottarga
- 100 gr di mozzarella
- 1 sedano sardo
- 3 pomodorini sardi
- Burro q.b.
- Olio evo

Preparazione:

- Grattugiate metà bottarga e condite con un giro d'olio versato a filo, spalmate il composto su otto fettine di pane. Su quattro di queste disponete delle sottili strisce di sedano ricavate dalla costa privata dei filamenti esterni più fibrosi. Sulle altre quattro adagiate una fettina di mozzarella e passatele sotto il grill del forno tenendovele giusto il tempo che la mozzarella inizi a filare
- Abbrustolite leggermente in forno le restanti quattro fettine di pane, spalmatele di burro e su ognuna adagiate o una o più fettine di bottarga; decoratele con pezzetti di pomodorino sardo. Disponete sul

piatto da portata i vari crostini alternati e serviteli con
gli aperitivi

MALLOREDDUS CON FUNGHI E SALSICCIA

Ingredienti per 6 persone:

- 500 gr di malloreddus
- 300 gr di carne bovina tritata
- 150 gr di salsiccia
- 400 gr di funghi porcini freschi
- ½ bicchiere di vino bianco secco
- 200 ml di brodo
- 1 cucchiaio di concentrato di pomodoro
- 1 cipolla bianca
- 1 spicchio di aglio
- 1 cucchiaio di prezzemolo tritato
- Olio evo
- Sale e pepe q.b.

Preparazione:

- In una larga casseruola scaldate tre cucchiai d'olio e insaporitevi la cipolla finemente tritata e lo spicchio d'aglio non sbucciato da eliminare appena diventa dorato. Unite la salsiccia spellata e sminuzzata, il vitellone tritato e, con un cucchiaio di legno, mescolate in modo che carne e salsiccia rimangano separate. Spruzzate il tutto con il vino e, quando sarà sfumato, unite i funghi ben puliti e tritati, meno due o tre divisi a metà, e il concentrato diluito in un mestolo di brodo caldo. Abbassate la fiamma al minimo, coprite e cuocete per circa 50 minuti, alla fine regolate di sale e aggiungete pepe macinato al momento

- Lessate al dente i malloreddus in acqua bollente salata, scolateli, trasferiteli nel recipiente della salsa e fateli insaporire per alcuni minuti
- Trasferiteli in un piatto da portata caldo, cospargeteli con il prezzemolo e, se gradito, del pecorino grattugiato e serviteli subito

FREGOLA SARDA CON LE ARSELLE

Ingredienti per 4/6 persone:

- 1 kg di arselle
- 2 spicchi di aglio
- ½ bicchiere di olio d'oliva
- 2 cucchiai di concentrato di pomodoro
- 1 cucchiaio di prezzemolo fresco tritato
- 1,5 lt i acqua
- 6 cucchiai di fregola

Preparazione:

- Fate spurgare i molluschi in maniera adeguata. Lavate quindi le arselle e mettetele in una ciotola capiente con acqua e sale. Lasciatele almeno un'ora. Al termine di questo tempo sciacquatele nuovamente molto bene sotto il getto dell'acqua corrente e trasferitele sul fuoco, in un tegame abbastanza largo dove farle aprire al calore. Man mano che si aprono estraetele con una schiumarola e posatele su un piatto. Quando sono tutte aperte, separate i gusci serbando la parte di valva che contiene il mollusco attaccato
- Raccogliere in una ciotolina il liquido rimasto nel tegame, filtrandolo attraverso le maglie di un colino fine rivestito con una garza o un telo sottile

- Fate scaldare l'olio in un tegame a parte, largo e dai bordi alti. Aggiungetevi i due spicchi d'aglio sbucciati e fate insaporire bene; quando l'aglio è cotto toglietelo e unite il concentrato di pomodoro. Rimestate con un cucchiaio di legno fino a quando la salsina sarà completamente intrisa d'olio, quindi unite l'acqua molto calda e portate a ebollizione
- Quando il liquido risulterà leggermente ristretto unite le mezze arselle preparate, la loro acqua salata e una manciata di prezzemolo tritato. Riportate a ebollizione quindi unite la fregola e lasciate cuocere a fiamma media per una ventina di minuti. Controllate la cottura e, se necessario, unite un pizzico di sale
- Versate la fregola con arselle nei piatti individuali e servitela subito, ben calda
-

RAVIOLI CON RIPIENO DI PATATE

Ingredienti per 4 persone:

- 250 gr di farina
- 30 gr di strutto
- 1 uovo
- Sale q.b.
- 600 gr di patate lessate
- 30 gr di strutto
- 3 cucchiai di formaggio grattugiato
- ½ cipolla
- 1 spicchio di aglio
- 1 cucchiaio di meta tritata
- Qualche fogliolina di basilico
- Prezzemolo q.b.
- Salsa di pomodoro
- Sale e pepe q.b.

Preparazione:

- Impastate la farina con lo strutto, l'uovo, un pizzico di sale e l'acqua necessaria e poi fatela riposare per almeno 30 minuti
- Preparate il ripieno: in un tegame lasciate fondere lo strutto, insaporitevi la cipolla tritata e lo spicchio d'aglio intero da eliminare appena diventa dorato

- In una terrina amalgamate le patate lessate e schiacciate con il soffritto di cipolla, il basilico e il prezzemolo tritati, la menta, il formaggio grattugiato e regolate di sale e pepe
- Stendete la pasta, ricavatene tanti dischetti, sulla loro superficie suddividete il ripieno, ripiegate la pasta a raviolo, sigillate bene i bordi, bucherellate la superfi cie con uno stecchino e lessateli per 10 minuti circa in abbondante acqua salata a leggero bollore. Sgocciolateli con la paletta bucata, trasferiteli sul piatto da portata e conditeli con la salsa di pomodoro ben calda
- Serviteli con altro formaggio grattugiato a parte
-

BURRIDA

Ingredienti per 4/6 persone:

- 2 gattucci di mare già puliti (1 kg circa)
- Farina q.b.

Per la salsa:

- 1 bicchiere di aceto
- 2 spicchi di aglio
- 4 cucchiai di pinoli
- 3 gherigli di noce
- 1 cucchiaio di pane grattugiato
- Olio evo
- Sale e pepe q.b.

- Tagliate i pesci a pezzi di media grandezza, infarinateli leggermente e friggeteli in un tegame dove avete scaldato bene un decilitro d'olio. Sgocciolateli quando sono dorati, asciugateli su carta assorbente da cucina e salateli
- Preparate la salsa: nel tegame di cottura del pesce versando due/tre cucchiai d'olio, scaldatelo, insaporitelo con uno-due spicchi d'aglio e quando hanno preso colore toglieteli. Versate nel tegame un bicchiere circa d'aceto, aggiungete i pinoli, i gherigli di

noce spezzettati, sale, pepe e un cucchiaio di pangrattato. Mescolate e tenete sul fuoco fino a quando l'aceto si è ridotto della metà

- Disponete il pesce fritto in una terrina, sopra versate la salsa calda, lasciate raffreddare a temperatura ambiente e poi conservate in frigorifero per 24 ore prima di servire

FEGATO NELLA RETE

Ingredienti per 4 persone:

- 600 gr di fegato di maiale
- 400 gr di rete di maiale
- Alcune foglie di alloro
- Sale e pepe q.b.

Preparazione:

- Lasciate ammorbidire la rete di maiale in una terrina d'acqua fredda, poi strizzatela e tagliatela nella misura necessaria ad avvolgere i cubetti di fegato
- Tagliate il fegato a cubetti di tre-quattro centimetri di lato. Avvolgeteli uno per uno nella rete insieme a una foglia di alloro, infilatene tre-quattro in singoli stecchi di legno. Disponeteli su una graticola spennellata d'olio, salate, pepate poco, cuocete per 3-4 minuti girando gli spiedini alcune volte
- Ritirateli e serviteli caldissimi

STUFATO DI AGNELLO

Ingredienti per 4 persone:

- 700 gr di coscia o spalla di agnello
- 300 gr di patate
- 1 cipolla
- 3 cucchiai di olio di oliva
- 1 cucchiaino di concentrato di pomodoro
- 1 spicchio di aglio
- 3 mestoli di brodo
- 1 pizzico di paprica forte
- ½ bicchiere di vino rosso
- 1 rametto di rosmarino
- 1 foglia di alloro
- 2 foglie di salvia
- 1 rametto di timo
- Sale e pepe q.b.

Preparazione:

- Tagliate la carne d'agnello in grossi pezzi (da circa 150 gr l'uno), cospargetela di sale e pepe e fatela rosolare in una casseruola con olio caldo in modo da sigillarne all'interno i succhi
- Tagliate la cipolla a fettine e aggiungetela alla carne insieme allo spicchio d'aglio, mescolando fino a

quando sarà diventata trasparente. Unite il concentrato di pomodoro, precedentemente diluito in un cucchiaio di brodo, la paprica, e sfumate con il vino. Quando sarà evaporato, riducete la fiamma, aggiungete le erbe aromatiche insieme al brodo caldo e cuocete, coperto, per 1 ora facendo sobbollire dolcemente.

- Trascorso questo tempo sbucciate le patate, tagliatele a cubetti di 3 cm e unitele all'agnello. Proseguite la cottura per altri 20 minuti, aggiungendo eventualmente altro brodo se necessario. Regolate di sale e pepe e portate subito in tavola

-

SEADAS

Ingredienti per 6 persone:

Per la pasta:

- 300 gr di farina
- 50 gr di strutto

Per il ripieno:

- 300 gr di pecorino a scaglie
- 2 cucchiaini di zucchero
- La buccia grattugiata di 1 limone o 1 arancia
- Cannella q.b.

Per la guarnizione:

- Miele fior d'arancio
- Zucchero
- Olio

Preparazione:

- Preparate la pasta: amalgamate la farina con lo strutto, un cucchiaio d'olio e tanta acqua quanta è necessaria per ottenere una massa liscia e morbida, fatene una palla e lasciatela riposare 30 minuti
- Stendete la pasta a sfoglia, ricavatene tanti dischetti della misura preferita, su ognuno mettete una o due

scaglie di formaggio pecorino, un pizzico di zucchero e uno di cannella, un po' di buccia grattugiata di limone, ripiegate la pasta e sigillatene bene i bordi

- In una padella scaldate abbondante olio e friggetevi le seadas. Toglietele quando sono dorate e fatele asciugare su carta assorbente da cucina. Cospargetele con lo zucchero, immergetele rapidamente nel miele, disponetele sul piatto da portata e servite subito

CUDDUREDDI E LOLLI NEL VIN COTTO

Ingredienti per 4 persone:

Per la pasta:

- 500 gr di farina di semola
- 3 tuorli d'uovo
- 1 litro di vino cotto

Per il ripieno:

- 500 gr di mandorle
- 25 g di zucchero
- La buccia di 1 limone grattugiata
- Vino cotto q.b.

Per la cottura:

- 1 lt di vino cotto
- 2 litri di acqua

Per la decorazione:

- Filetti di buccia di limone o mandorla tostate

Preparazione:

- Preparate la pasta: amalgamate farina, uova e vino cotto fino a ottenere un composto omogeneo, lasciatelo riposare mezz'ora, coperto, poi dividetelo in due parti.

- Preparate il ripieno: mettete le mandorle bollite, spellate e tritate in una casseruola, aggiungete lo zucchero, la buccia di limone e vino cotto quanto basta a rendere il composto omogeneo, ponete sul fuoco e fate addensare
- Preparate i cuddureddi: stendete una parte della pasta a sfoglia dello spessore di alcuni millimetri, disponete in più file mucchietti di ripieno, ricopriteli con la pasta e, tagliando, date loro la forma di normali piccoli ravioli
- Preparate i lolli: stendete la restante parte di pasta a uno spessore maggiore dell'altra e, prendendone piccole porzioni per volta, fatene lunghi rotolini e tagliateli a pezzetti come si fa per gli gnocchi
- Preparate il liquido di cottura: versate in una casseruola l'acqua e il vino cotto e cuocetevi cuddureddi e lolli per circa mezz'ora. Sgocciolateli e disponeteli sul piatto da portata
- Fate ridurre il liquido di cottura sul fuoco per 10 minuti o fino a quando assume una consistenza collosa e ritiratelo
- Versatelo a filo sui dolcetti e poi cospargetelo con le mandorle tostate e tritate grossolanamente

CPSIA information can be obtained
at www.ICGtesting.com
Printed in the USA
BVHW012055100721
611638BV00008B/116

9 781914 974007